ÉPITRES

PAR

M. ALPHONSE LAMARTINE.

IMPRIMERIE DE J. TASTU,
RUE DE VAUGIRARD, N° 36.

ÉPITRES

Par

M. ALPHONSE LAMARTINE.

PARIS.

URBAIN CANEL, ÉDITEUR.

❋

1825

Épître

FAMILIÈRE

A M. VICTOR H...

ÉPITRE

A M. VICTOR H . . .

Déjà la première hirondelle,
Seul être aux ruines fidèle,
Revient effleurer nos créneaux
Et des coups légers de son aile
Battre les gothiques vitraux
Où l'habitude la rappelle.
Déjà l'errante Philomèle,
Modulant son brillant soupir,

Trouve sur la tige nouvelle

Une feuille pour la couvrir ;

Et de sa retraite sonore

Où son chant seul peut la trahir,

Semble une voix qui vient d'éclore

Pour saluer avec l'aurore

Chaque rose qui va s'ouvrir.

L'air caresse, le ciel s'épure,

On entend la terre germer ;

Sur des océans de verdure

Le vent flotte pour s'embaumer ;

La source reprend son murmure ;

Tout semble dire à la nature :

Encore un printemps pour aimer !

Encore un degré vers la tombe

Où des ans aboutit le cours !

Encore une feuille qui tombe

De la couronne de nos jours,
Sans que ta main l'ait savourée,
Sans que ton cœur l'ait respirée!
Cependant nos printemps sont courts!

Épris de la seule nature
Horace, ambitieux d'oubli,
Lui confiant sa vie obscure,
Écoutait l'éternel murmure
Des cascades de Tivoli.
Souvent assis sur ces ruines
D'où je voyais mourir le jour
Sous l'ombre de ces deux collines
Qui cachaient son humble séjour,
J'allai, plein des mêmes pensées,
Chercher ses traces effacées
Aux lieux par son ombre habités;
Et livrant ses vers au zéphire

A leur écho faire redire

Les sons plaintifs de cette lyre

Qu'il a deux mille ans répétés !

Fuyant le tumulte des villes ,

Aux lieux où les vagues tranquilles

Lavent des bords silencieux ,

Virgile, assis sur le rivage ,

Charmait les rochers de la plage

De ses concerts mystérieux.

Dans la solitude qu'il aime ,

Il marquait du doigt l'arbre même

Qui devait ombrager ses os ,

Et voulait que dans le lieu sombre

Le concert des mêmes échos

Berçât le sommeil de son ombre

Du doux bruit des vents et des flots !

J'ai vu la retraite enchantée

Où, las d'une vie agitée

Par les orages du malheur,

Le Tasse, suivi par l'envie,

Revêtait, pour cacher sa vie,

Les humbles habits d'un pasteur.

Au penchant du cap de Sorrente,

Au pied d'un agreste rocher,

Bords où la vague transparente

Berce le paisible nocher,

Sous l'oranger de la colline

On voit encor l'humble ruine

De ce poétique séjour;

L'écho des vents et des cascades

Y roule à travers les arcades

Des sons de tristesse et d'amour!

Et toi, leur enfant, tu t'exiles

Des lieux par la muse habités,

Pour traîner des loisirs stériles

Dans l'air corrompu des cités ?

Oiseau chantant parmi les hommes,

Ah ! reviens à l'ombre des bois ;

Il n'est qu'au désert où nous sommes

Des échos dignes de ta voix !

Viens respirer avant l'aurore

L'air embaumé qui semble éclore

Des baisers des fleurs et du jour,

Et mêlant ton ame encor pure

Avec le ciel et la nature

Rêver et chanter tour à tour !

Non loin de la rive embellie,

Où la Saône aux flots assoupis

Retrouve sa pente et l'oublie

Pour caresser les verts tapis

Où son cours cent fois se replie,

Aux pieds des monts où l'on croit voir

La nuit s'enfuir, le jour éclore,

Dont les neiges que le ciel dore,

Comme un majestueux miroir

Sur nos champs projettent encore

Les premiers reflets de l'aurore

Et l'ombre lointaine du soir,

Entre deux étroites collines

Se creuse un oblique vallon,

Tel que Virgile ou Fénélon

L'auraient peint de leurs mains divines ;

Le double mont qui le domine

Et le défend de l'aquilon

Sous le poids des forêts s'incline,

Et de pente en pente décline

Jusqu'au lit bordé de gazon

Où notre humble ruisseau sans nom

Déroule sa nappe argentine,

Et dans son onde cristalline

ÉPITRE FAMILIÈRE

Aime à bercer le doux rayon

De la lune qui l'illumine.

Le tiède regard du soleil

Le colore dès son réveil

De ses lueurs les plus dorées,

Et le soir ses teintes pourprées.

Peignent le nuage vermeil

Où nage son disque, pareil

A des roses décolorées;

Et grâce à l'aspect de ces lieux

Tour à tour éclatant ou sombre,

Chacun de ses pas dans les cieux

Par un contraste harmonieux

Y fait lutter le jour et l'ombre!

Les champs, les fleurs, les eaux, les bois,

L'émail ondoyant des prairies,

Semés sur ses pentes fleuries,

S'entrelacent comme par choix,

Et semblent se plier aux lois
Des plus riantes symétries.
Le saule, penché sur les eaux,
Y baigne ses tristes rameaux
D'où ses larmes tombent en pluie,
Et qu'en agitant ses berceaux
L'haleine du zéphir essuie.
Sur le tronc mousseux des ormeaux
La vigne avec grâce s'appuie,
Et couvre de ses verts arceaux
La moisson par l'été jaunie.
L'onde amoureuse du rocher,
D'où l'entraîne un courant rapide,
En retombe en nappe limpide,
Y remonte en poussière humide,
Semble chercher à s'attacher
A ses flancs en perle liquide
Qu'un rayon du jour vient sécher,

Et, roulant sans bord sur sa pente
Que son écume au loin blanchit ,
Bouillonne, fuit, dort ou serpente ,
Gronde, murmure et rafraîchit
L'air que charme sa plainte errante.
Suspendue aux flancs des coteaux,
L'humble chaumière des hameaux
Blanchit à travers le feuillage ;
Le couchant dore ses vitraux,
Et du toit couvert de roseaux
La fumée en léger nuage
Monte et roule ses plis mouvans,
Et cède aux caprices des vents
Qui la bercent sur le bocage.

Au sommet d'un léger coteau ,
Qui seul interrompt ces vallées ,
S'élèvent deux tours accouplées

Par la teinte des ans voilées,
Seul vestige d'un vieux château
Dont les ruines mutilées
Jettent de loin sur le hameau
Quelques ombres démantelées;
Elles n'ont plus d'autres vassaux
Que les nids des joyeux oiseaux,
L'hirondelle et les passereaux
Qui peuplent leurs nefs dépeuplées;
Le lierre au lieu des vieux drapeaux
Fait sur leurs cimes crénelées
Flotter ses touffes déroulées,
Et tapisse de verts manteaux
Les longues ogives moulées,
Où les vautours et les corbeaux,
Abattant leurs noires volées,
Couvrent seuls les sombres créneaux
De leurs sentinelles ailées.

Ce n'est plus qu'un débris des jours,

Une ombre, hélas! qui s'évapore.

En vain à ces nobles séjours,

Comme le lierre aux vieilles tours,

Le souvenir s'attache encore;

Minés par la vague des ans,

Sur le cours orageux du temps,

Leur puissance s'en est allée :

Ils font sourire les passans,

Et n'ont plus d'autres courtisans

Que les pauvres de la vallée.

Autour de l'antique manoir,

Tu n'entendras d'autre murmure

Que les soupirs du vent du soir

Glissant à travers la verdure,

Les airs des rustiques pipeaux,

Ou la clochette des troupeaux

Regagnant leur étable obscure,

Et quelquefois les doux concerts

D'une harpe mélancolique ,

Dont une brise ossianique

Vient par momens ravir les airs ,

A travers l'ogive gothique ,

A l'écho de ces murs déserts.

C'est là que l'amitié t'appelle ;

C'est là que de tes heureux jours ,

Par mille gracieux détours ,

Sur une pente naturelle ,

Tu laisseras errer le cours ;

C'est là que la muse rêveuse ,

Descendant du ciel sur tes pas ,

Viendra, t'ouvrant ses chastes bras ,

Comme une aile silencieuse ,

T'enlever aux soins d'ici-bas !

Notre ame est une source errante

Qui, dans son onde transparente,

S'empreint de la couleur des lieux;

De la nature elle est l'image :

Tantôt sombre comme un nuage,

Tantôt pure comme les cieux!

Si quittant ses rives fleuries,

Ses flots, par leur pente emportés,

Vont laver ces plages flétries

Par l'ombre obscure des cités,

Elle perd sa teinte azurée,

Et, ne conservant que son nom,

Elle traîne une onde altérée

Que souille un orageux limon,

Et le pasteur qui la vit naître

S'étonne, et ne peut reconnaître

L'eau murmurante du vallon.

Mais, dès qu'abandonnant ces plages,

Et retrouvant son lit natal,

Sa pente, sous de verts ombrages,

Ramène son flot de cristal,

Sur le sable d'or qu'elle arrose,

En murmurant elle dépose

L'ombre qui ternit ses couleurs,

Et, dans son sein que le ciel dore,

Limpide, elle retrace encore

L'azur du soir ou de l'aurore,

Les bois, les astres et les fleurs!

Le Retour.

LE RETOUR.

Vallon, rempli de mes accords,
Ruisseau, dont mes pleurs troublaient l'onde,
Prés, collines, forêt profonde,
Oiseaux, qui chantiez sur ses bords !

Zéphir, qu'embaumait son haleine,
Sentiers, où sa main, tant de fois,
M'entraînait à l'ombre des bois,
Où l'habitude me ramène !

LE RETOUR.

Le temps n'est plus! mon œil glacé,
Qui vous cherche à travers ses larmes,
A vos bords jadis pleins de charmes
Redemande en vain le passé!

La terre est pourtant aussi belle,
Le ciel aussi pur que jamais!
Ah! je le vois; ce que j'aimais
Ce n'était pas vous, c'était elle!

Épître

A M. AMÉDÉE DE P. . . . . . .

ÉPITRE

A M. AMÉDÉE DE P.......

❀

Du poëte de Stényclare
Si notre âge assoupi retrouvait les accords,
J'irais, je chanterais sur le luth de Pindare
Ou l'hymne du triomphe ou la gloire des morts.

Qu'il est beau de voler dans la noble carrière
        Sur la trace de nos soldats !
De suspendre sa lyre au bronze des combats,

Et, dans des tourbillons de flamme et de poussière,
D'exciter leur vertu guerrière,
Ou de chanter la gloire en face du trépas!

La Muse aime à planer sur les champs du carnage,
A fouler sous ses pieds des lambeaux d'étendards,
Les membres des héros sur la poussière épars,
Et les tronçons brisés des glaives que leur rage
Semble encor défier de ses derniers regards.

Quel accompagnement sublime
Pour les chants inspirés du barde audacieux,
Que le bruit du canon roulant de cime en cime,
Ou le cri du coursier que la trompette anime,
Ou le fracas du pont qui gronde et qui s'abîme
Sous la bombe tombant des cieux!

Fier alors du péril le Poëte partage

La sainte gloire du guerrier,
Et cueille transporté de joie et de courage
Quelques rameaux sanglans de son même laurier.

Mais mon génie obscur est loin de tant d'audace ;
    Fuyant la scène des combats,
J'aime mieux, sur les pas de Virgile ou d'Horace,
Dans quelqu'humble Tibur, comme eux cachant ma trace,
    Égarer mollement mes pas.

J'aime mieux du penchant des collines prochaines
Entendre au loin monter le doux chant des pasteurs,
Ou bourdonner l'abeille autour du tronc des chênes,
    Ou de mes limpides fontaines
Les flots assoupissans murmurer sous les fleurs.

J'aime mieux, dans ces bois où l'oiseau seul m'écoute,
Cherchant dès le matin le silence et le frais,

D'un pas inattentif perdre et chercher ma route,

Et, soupirant mes vers dans leurs antres secrets,

Entendre mes pas seuls résonner sous leur voûte,

Ou les pleurs de la nuit distiller goutte à goutte

Du dôme tremblant des forêts.

Épître

A M. CASIMIR DELAVIGNE.

ÉPITRE

A M. CASIMIR DELAVIGNE.

Saint-Point, près Mâcon, 9 février 1824.

GRACE aux vers enchanteurs que tout Paris répète,
Ton nom a retenti jusque dans ma retraite;
Et le soir, pour charmer les ennuis des hivers,
Autour de mon foyer nous relisons ces vers

Où brille en se jouant ta muse familière,

Qu'eût enviés Térence, et qu'eût signés Molière.

Comment peux-tu passer, par quel don, par quel art,

De Syracuse au Hâvre, et du Gange à Bonnard ?

Puis, déployant soudain les ailes de Pindare,

Sur les bords profanés de Sparte et de Mégare

Aller d'un vers brûlant tout-à-coup rallumer

Ces feux dont leurs débris semblent encor fumer,

Ces feux de la vertu, de l'honneur, du courage,

Que recouvrent en vain dix siècles d'esclavage ?

Comment, redescendu de ce brillant séjour,

Dans les bois de Meudon viens-tu chanter l'Amour ?

Franchissant d'un seul trait tout l'empire céleste,

Le génie est un aigle, et ton vol nous l'atteste !

Relégué loin des bords où tout Paris charmé

Voit le fier Manlius en bourgeois transformé,

Obéissant aux cris d'un parterre idolâtre,

Livrer ton nom modeste aux bravos du théâtre,

Je n'ai point encore lu ces chants que par ta voix

Messène a soupirés pour la troisième fois.

En vain l'écho léger que chaque jour publie,

Oracle du matin que le soir on oublie,

A porté jusqu'à moi quelques lambeaux de vers,

Quelques sons décousus de tes brillans concerts :

Dans ma soif des beaux vers, que ton nom seul rallume,

J'ai dévoré la page, et j'attends le volume.

On dit que dans ces chants ton génie exalté

Prêche à des convertis l'antique liberté ;

On dit qu'après trente ans d'esclavage et de crimes

Cette divinité respire dans tes rimes

Les parfums épurés d'un chaste et noble encens ;

Que son nom dans ta bouche a repris son beau sens,

Et que, de trois pouvoirs lui formant un trophée,

De son bonnet sanglant ta main l'a décoiffée.

Ah ! j'en rends grâce à toi ! nous pourrons adorer
Celle qu'avant tes vers il nous fallait pleurer ;
Son culte entre tes mains est pur et légitime :
Tu renîrais tes dieux s'ils commandaient le crime.

Pour moi, tremblant encor du nom qu'elle a porté,
J'aborde ses autels avec timidité,
Craignant à chaque instant qu'arraché de sa base
Le dieu mal affermi ne tombe et nous écrase.
Le siècle où je naquis excuse mes terreurs :
J'entendais au berceau le fruit de ses fureurs.
Son arbre, dont le sang arrosait les racines,
Portait, au lieu de fruits, la mort et les rapines.
Pour la première fois quand j'invoquai son nom
Ce fut sous les verroux d'une indigne prison,
Dans les étroits guichets d'un cachot solitaire.
Elle me disputait aux baisers de mon père,
Qui, caressant son fils à travers les barreaux,

Payait d'un reste d'or la pitié des bourreaux.

Je vis, en grandissant, je vis sa main sanglante

Arracher des autels la prière tremblante,

Souiller, jeter aux vents la cendre des tombeaux,

Des temples avilis disperser les lambeaux,

Et, le pied chancelant des suites d'une orgie,

Couvrant ses cheveux plats du bonnet de Phrygie,

Au long cri de la mort, à sa voix renaissant,

Danser sous l'échafaud qui ruisselait de sang.

Oui, voilà sous quels traits, dans ma sombre pensée,

Par la main du malheur son image est tracée.

Pardonne, ô Liberté ! pour effacer ces traits

Il faut, il faut au moins un siècle de bienfaits.

Hâte ces jours heureux, toi qui chantes sa gloire !

Mêle une page blanche à sa funèbre histoire :

Qu'on la voie en tes vers, vierge de sang humain,

Rejeter ce poignard qui ruisselle en sa main ;

Devant un sceptre juste incliner un front libre:
De la force et du droit maintenir l'équilibre ;
Nous couvrir d'une main du bouclier des lois,
Et de l'autre affermir la majesté des rois.

Mais c'est assez parler de nos vaines querelles ;
Le temps emportera ce siècle sur ses ailes,
Et laissera tomber dans l'éternelle nuit
De nos dissensions le misérable bruit.
D'autres siècles viendront, chargés d'autres promesses :
Ils tromperont encor nos trompeuses sagesses ;
Sur leur cours orageux l'homme, encore emporté,
Dans ses rêves nouveaux verra la vérité !
C'est la loi des esprits : tout cherche, et tout travaille.
Ce monde, cher Lavigne, est un champ de bataille
Où des ombres d'un jour passent en combattant :
Pour qui ? pour un fantôme, un système, un néant ;
Et, quand ils sont tout près de saisir leur idole,

C'est un ballon qui crève, et du vent qui s'envole.

Émule harmonieux des cygnes d'Eurotas,

Ne prêtons point la lyre à ces tristes combats.

Laissons d'un siècle vain l'impuissante sagesse

Soulever ces rochers qui retombent sans cesse ;

Dans la coupe d'Hébé ne versons point de fiel ;

Ne mêlons pas les voix de ces filles du ciel,

Ne mêlons pas les sons des lyres profanées

Aux cris des passions de nos jours déchaînées :

Mais demandons ensemble à la nature, aux dieux,

Ces chants modérateurs, sereins, mélodieux,

Ces chants de la vertu dont la sainte harmonie

Ressemble quelquefois à la voix du génie,

Qui calment les partis, adoucissent les mœurs,

S'élèvent au-dessus des terrestres clameurs,

Et, sur l'aile du temps traversant tous les âges,

Brillent comme l'iris sur les flancs des nuages.

Mais, adieu ; de l'Épître osant braver les lois,
Ma muse inattentive élève trop la voix.
D'un ton plus familier, d'une voix plus touchante,
Je voulais te parler, et voilà que je chante.

Ainsi, quand sur les bords du lac qui m'est sacré,
Séduit par la douceur de son flot azuré,
Ouvrant d'un doigt distrait l'anneau qui la captive,
J'abandonne ma barque à l'onde qui dérive,
Je ne veux que raser dans mon timide cours
De ses golfes rians les flexibles contours,
Et, sous le vert rideau des saules du bocage,
Glisser, en dérobant quelques fleurs au rivage.
Mais du vent qui s'élève un souffle inaperçu
Badine avec ma voile, et l'enfle à mon insu ;

Le flot silencieux sur la liquide plaine

Pousse insensiblement la barque qui m'entraîne ;

L'onde fuit, le jour tombe, et, réveillé trop tard,

Je vois le bord lointain fuir devant mon regard.

FIN.